AF595147

RÉFUTATION,

POUR M. LANDON, Peintre, Auteur et Éditeur du Journal ayant pour titre, Annales du Musée,

De la prétendue Réponse de M. P. DIDOT, à son premier Écrit intitulé : *Quelques Idées*, etc.

M. P. Didot avoit reçu de moi, soit lors des débats, soit dans l'analyse rapide que j'avois publiée des moyens de ma cause, l'exemple de la modération et des égards que les gens bien nés se doivent entre eux, même lorsqu'ils sont réduits à des discussions judiciaires de leurs intérêts.

J'avois eu d'autant moins de mérite à le lui donner, cet exemple, que mon caractère personnel m'y portoit naturellement, et que ma défense s'appuyant, tout à-la-fois, sur le bon droit, et sur les preuves de l'injuste aggression de mon adversaire, des explications calmes et fortes suffisoient à l'entière justification de mes moyens.

M. P. Didot n'a pas cru devoir imiter ma conduite.

Honteux d'une petite et misérable spéculation qui contraste si étrangement avec le nom honorable qu'il porte; ne se dissimulant plus, quoique trop tard, le fâcheux effet qui résulte pour lui d'une attaque sans fondement sérieux, comme *sans intérêt réel,* il a cru qu'en s'exprimant sur mon compte avec peu de ménagement et même avec quelque acrimonie, il feroit penser que ses raisons sont meilleures.

C'est dans cet esprit qu'a été composée la prétendue *Réponse* à mon Précis, qu'il vient de distribuer. Elle est telle, cette Réponse, que ma première impression, après l'avoir seulement parcourue, a été (je le lui proteste sans jactance) d'en considérer le ton et les élémens comme des auxiliaires très-utiles de ma cause.

M. P. Didot me proclame *contrefacteur, plagiaire, spoliateur* de sa propriété, parce que j'ai inséré, il y a TROIS, QUATRE ET CINQ ANS, dans *quatre* volumes d'un Journal des Arts, *qui en a vingt-six,* le *simple trait réduit* de gravures dont les dessins originaux ont été exécutés pour ses éditions de Virgile, de Racine, de Daphnis et Chloé, de Psyché et de Gentil-Bernard, par de très-habiles artistes. Voilà le procès, le voilà tout entier.

Il demande, par suite des prétendues *contrefaçon, plagiat* et *spoliation,* qu'il dénonce à la justice publique avec tant d'éclat, une somme modeste de *trente mille francs.* Voilà le stimulant, le résultat espéré de sa plainte en Police correctionnelle: et l'Ecrit qu'il répand en ce moment, comme réponse au mien, a pour objet de légitimer l'attaque et la demande.

Depuis que cet adversaire s'est déterminé à traduire devant le tribunal qui juge les *délits* un artiste paisible, un père de famille, il doit avoir appris que tout *prévenu* a le droit de prendre la parole le dernier. Il voudra donc bien ne pas trouver mauvais que j'use de ce privilége, en réfutant, soit sous le rapport des faits, soit sous celui des vrais principes de la matière, la diatribe qu'il présente avec assurance pour réponse à ma défense écrite. C'est ce dont je vais m'occuper.

Je ne me serois jamais permis, après que le ministère public a été entendu, et alors même que le Magistrat qui en a exercé les fonctions s'est montré contraire au système de ma défense, d'entreprendre une réfutation publique de ses opinions. Je

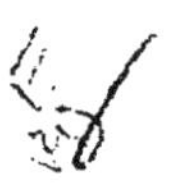

sais quel respect est dû aux Magistrats en général, et à M. le Substitut près la Chambre de Police correctionnelle, en particulier. Mais puisque, par une inconvenance sans exemple, M. P. Didot a pris la licence de faire figurer, dans ce qu'il appelle sa Réponse à mon Précis, des morceaux tout entiers, détachés du plaidoyer de ce même Magistrat (1), et de se les approprier pour donner de la force à ses moyens, personne ne niera que j'aye le droit de les discuter, comme devenus ceux de mon adversaire; et, dès lors, la réfutation sera celle des raisons données par M. P. Didot, et non une discussion irrespectueuse des conclusions du ministère public.

Mon premier Ecrit n'avoit pour but que de fixer l'attention des juges sur le véritable point de la cause, et de leur rappeler les moyens justificatifs de ma défense. Les faits ayant été préalablement discutés et éclaircis à l'audience, il ne me restoit plus qu'à faire connoître explicitivement les véritables caractères de la contrefaçon et les circonstances qui la distinguent du plagiat; dans quelles occasions le plagiat offriroit, par un emploi abusif, quelques-uns des caractères de la contrefaçon, et présenteroit enfin le motif d'une action judiciaire.

Ces questions, quoique traitées succinctement dans mon Précis, ont néanmoins éclairé la matière; et il est demeuré constant, que mes opérations n'offrent les caractères, ni de *la contrefaçon*, ni *du plagiat contrefacteur*, ni même *du plagiat simple*.

Ces preuves, je vais les fortifier, dans ce second Ecrit, de

---

(1) Ils sont cités avec des guillemets, de peur que le lecteur ne s'y méprenne.

Sur quinze pages que contient la *Réponse* de M. P. Didot, il y en a neuf en citations du plaidoyer de M. le Substitut.

quelques développemens, et de quelques observations nouvelles, qui seront précédées de points de faits propres à bien rétablir, dans toute leur exactitude, les circonstances antérieures au procès.

A entendre mon adversaire, ne croiroit-on pas que les *traits* insérés dans les *Annales du Musée* (1), sont la reproduction de ses estampes? La contrefaçon entendue par la loi? Que pour consommer impunément cette œuvre d'iniquité, j'avois ménagé à l'avance des subterfuges, des moyens évasifs, recours ordinaire des hommes artificieux, des *spoliateurs?* Enfin, ne croiroit-on pas que mes planches peuvent être substituées aux siennes, et causer une méprise dans le commerce, tromper l'œil des acheteurs? Qu'elles y ont été répandues avec profusion; qu'elles le sont encore journellement, malgré l'action du procès en suspens? Qu'ainsi, j'ai enlevé à M. P. Didot, pendant cinq années, et que, aujourd'hui même, je lui enlève audacieusement le fruit de ses avances, de son industrie, en un mot sa propriété?

Mais, avant de rappeler les faits et de discuter le fonds de la cause, il importe de faire connoître aux personnes qui n'ont pas occasion de comparer les éditions de M. P. Didot avec les *Annales du Musée,* quelle est la nature, quels sont le but, le genre d'exécution de ces ouvrages qui diffèrent si essentiellement entre eux.

1.° Les planches insérées dans les *Annales* sont de simples traits gravés à l'eau forte, des contours privés d'ombre; ce sont les plus légères indications possibles de la composition

(1) Ce Journal paroît par numéros isolés, de 4, 6 ou 8 sujets, et forme, dans le cours d'une année, 2 volumes in-8.°, accompagnés chacun de 72 planches au trait.

des tableaux, des statues ou de tout autre ouvrage d'art, que je crois utile de recommander à l'attention des amateurs, ou d'analyser comme productions des beaux-arts. Ces planches, au *simple trait,* uniquement destinées à former les *Annales du Musée et de l'Ecole moderne des beaux-arts,* ne se vendent pas séparément du texte qu'elles accompagnent.

2.° Les estampes de M. P. Didot, terminées au burin, avec tout le talent et tous les soins du graveur, ont pour but d'enrichir des éditions d'un grand prix. L'éditeur les vend aussi indépendamment du texte, soit pour entrer dans les porte-feuilles des riches amateurs, soit pour être encadrées.

3.° Les dessins sont de format in-folio ou grand in-quarto. Les traits des *Annales,* réduits au format in-8.° ordinaire, n'offrent en superficie qu'environ le quart des planches de M. P. Didot.

4.° Les deux opérations respectives ont donc chacune leur but particulier, leur mode particulier d'exécution, de publication, et ne peuvent dans aucune circonstance se remplacer mutuellement.

5.° Enfin, j'ai l'habitude constante, lorsque toutefois une invitation positive ne m'a pas prévenu sur cet objet, de demander l'agrément des auteurs ou propriétaires d'ouvrages d'arts, pour les annoncer, à l'aide *d'un trait,* dans mon Journal; et cette démarche, que commandent, selon moi, la délicatesse dans les procédés et l'urbanité, je l'ai observée envers M. P. Didot comme envers les artistes ou autres propriétaires d'ouvrages d'arts.

Ce dernier point, quoique contesté en partie par mon adversaire, demeurera néanmoins constant dans l'esprit des juges, lorsqu'ils auront pris la peine de rapprocher entre elles diverses circonstances, indices irrécusables de la réalité de mes démarches près de M. P. Didot.

Ce n'est pas qu'en opérant sans l'autorisation verbale, ou écrite des artistes ou des propriétaires, je m'avouasse pour cela coupable d'un délit; mais il m'importe que les Magistrats, qui doivent juger la cause, sachent que telle est la conduite que j'ai toujours tenue dans la rédaction de mon *Journal*, et que, dans leur conscience intime, ils se puissent demander s'il est présumable que, par une exception singulière et qui n'auroit aucun motif, j'aye fait l'extrait des planches appartenant à M. P. Didot, clandestinement et à son insçu, lorsque déja, et depuis deux années, j'avois obtenu si facilement son aveu pour une partie très-intéressante de sa collection; cette partie est la suite des dessins de M. Girodet, les seuls qui me fussent connus à cette époque.

Je vais rappeler les faits depuis leur origine.

Dès l'année 1800 ou 1801, j'eus occasion de voir, chez M. Girodet, les gravures des dessins qu'il avoit composés pour le Virgile de M. P. Didot. Je connoissois déja quelques-uns de ceux que cet artiste avoit faits pour l'édition de Racine, publiée par le même imprimeur.

En 1804, je me rappelai ces dessins, et je projetai d'en donner un trait dans les *Annales du Musée*.

Je ne connoissois pas M. P. Didot; mais, lui supposant, avec raison, des relations intimes avec M. Girodet, j'écrivis à ce dernier pour l'engager à communiquer mon projet à M. P. Didot. Je reçus de M. Girodet la lettre suivante, en date du 10 février 1804.

Mon cher Camarade,

« C'est avec plaisir que j'acquiesce à la demande que vous « me faites de faire dessiner mon tableau d'Hippocrate. Quant

« aux figures peintes pour le Roi d'Espagne, je n'en ai con« servé que des ébauches encore bien imparfaites, et dans « lesquelles j'ai indiqué quelques changemens non encore « exécutés. Cependant j'en ferai faire des traits sous mes « yeux par mes élèves, et je les retoucherai; et, s'ils peuvent « vous être agréables, je serai charmé de vous les offrir.

« Je n'ai point, dans ce moment-ci, de composition arrêtée, « et par conséquent digne de voir le jour; *mais j'écris de « suite à M. Didot, pour lui transmettre votre désir*, et j'y « joins mes prières : je me flatte qu'elles ne seront point « refusées; et, lorsque j'aurai sa réponse, je m'empresserai « de vous en faire part. Je serai toujours charmé, mon cher « Camarade, de trouver l'occasion de vous être agréable; « croyez, je vous prie, que je ne cesserai d'être,

Votre dévoué serviteur,

Signé, A. L. GIRODET.

Dix-huit jours après la réception de cette première lettre, j'en eus une seconde, datée du 28 février 1804.

« J'ai vu M. Didot, mon cher Camarade, et *il acquiesce « avec plaisir* à la demande que je lui ai faite, en votre nom « et au mien, de permettre *la publication des gravures au « trait, d'après mes compositions du Virgile et du Racine*. « C'est avec satisfaction que je vous annonce quelque chose « qui vous est agréable, *et qui me flatte moi-même beau« coup*.

« Agréez, mon cher Camarade, l'expression de ma parfaite « estime et de mon sincère dévouement.

Votre serviteur et confrère,

Signé, A. L. GIRODET.

Ces deux lettres, dont M. P. Didot avoit d'abord nié l'existence, mais fortuitement retrouvées, ont été produites au Tribunal.

Deux ans se passèrent avant que je songeasse à faire prendre le trait de ces dessins, et j'avois négligé de me procurer les éditions où ils se trouvent.

Mais en 1806, M. Firmin Didot, frère de mon adversaire, et chez qui je me trouvai à l'occasion d'un de mes ouvrages, dont l'impression s'est faite chez lui; M. Firmin Didot m'ayant fait voir non-seulement les dessins originaux de M. Girodet pour le Racine, mais encore ceux que MM. Gérard, Prud'hon, Moite, Chaudet, Peyron et Sérangéli avoient composés pour le même ouvrage, je lui fis part de l'intention que j'avois eue d'en publier le trait, intention que M. P. Didot, son frère, avoit, lui dis-je, accueillie depuis deux ans : et en même temps, je lui témoignai ma surprise de voir entre ses mains des originaux que je croyois appartenir à son frère. *Nous avons fait ensemble cette affaire*, me répondit M. Firmin Didot; je ne le pressai pas de questions. Je conclus de sa réponse que probablement les éditions dont il s'agit avoient été faites en société (1). Cela se devoit présumer naturellement. M. Firmin Didot en avoit gravé exprès, fondu et fourni les caractères, et il étoit possesseur des dessins originaux, dont il avoit même la complaisance de m'offrir la communication, pour faciliter mon travail; offre gracieuse que je refusai, dans la crainte que ces dessins, que je voyois en feuilles détachées, n'éprouvassent quelque dommage (2).

---

(1) Je ne fais ici cette remarque que pour expliquer ce qui m'a engagé à annoncer, en 1807, (ainsi qu'on le verra bientôt) les éditions dont il s'agit, comme publiées par MM. Didot frères.

(2) Je ne rappelle ici l'offre des dessins (dont je ne prétends tirer,

Mais M. Firmin Didot m'ayant appris que son frère vendoit séparément les gravures de ces éditions, je conçus aussitôt le projet de me les procurer par échange, et de prévenir en même temps M. P. Didot que je désirois joindre aux traits des dessins de M. Girodet, ceux des compositions des autres artistes, non-seulement pour remplir le but des *Annales*, mais encore par considération et par attachement pour MM. Gérard, Prud'hon, etc., dont je ne devois pas, par une exception qui eût été mal interprétée, omettre les productions dans un Recueil destiné à marquer les différentes époques de l'art en France.

En effet, très-peu de temps après mon entrevue avec M. Firmin Didot, j'écrivis à son frère.

Je lui demandois s'il lui conviendroit de me fournir les planches de ses grandes éditions, mais séparées du texte, et de prendre en échange quelques-uns de mes ouvrages, tels que les Annales du Musée, le Recueil des Œuvres des Peintres célèbres, etc. Je joignois à ma demande, je ne me rappelle pas en quels termes, l'observation suivante : que m'ayant permis de faire graver le *trait* des dessins de M. Girodet, sans doute il n'auroit pas de motif pour refuser son consentement à l'insertion des autres. Je reçus, en réponse, une lettre signée *Rigault* pour *Didot*, et telle que je pouvois la désirer (1). La proposition d'échange et ma demande étoient acceptées.

---

en faveur de ma cause, aucun autre avantage), que pour faire sentir le peu d'inconvénient que M. Firmin Didot, lui-même, trouvoit à *l'insertion* d'un trait.

(1) M. Cœuré, peintre, l'un des dessinateurs des *Annales*, voulut bien se charger de remettre lui-même ma lettre à M. P. Didot; mais M. Cœuré ne lui parla ni ne le vit. Néanmoins ma lettre fut remise; M. Cœuré s'entretint assez longtemps avec une personne qui, selon toute

Cette lettre, à laquelle je n'ai pas mis assez d'importance, comme on peut bien le croire, pour la conserver précieusement; cette lettre, écrite en 1806, désavouée par M. P. Didot et par M. Rigault, comme l'avoient été dans le principe celles de M. Girodet; cette lettre enfin n'a pas été retrouvée en 1811. Cela n'est pas étonnant; mais, au défaut de ce titre qui eût ôté à M. P. Didot tout prétexte de donner suite à sa plainte, je produirai des faits authentiques, qu'il ne peut contester, et qui porteront la persuasion dans la conscience des Magistrats et dans l'esprit du public.

---

apparence, étoit M. Rigault lui-même; il fut question de ces mêmes dessins, dont quelques originaux (car je crois que M. Firmin Didot ne possède que ceux du Racine) et des épreuves de choix ornoient le salon où M. Cœuré fut reçu. Il en parla comme d'objets dont il alloit s'occuper; et me rapporta, avec la réponse, deux volumes d'estampes, le *Racine* et le *Virgile*. Quelques jours après je fis demander à M. P. Didot les mêmes estampes, mais en feuilles détachées, pour pouvoir, je le lui marquois ainsi, les mettre dans les mains de plusieurs dessinateurs à la fois. C'est pour cette raison que l'échange étant terminé, et en m'en envoyant la facture, montant à 737 fr., M. P. Didot me marquoit : *Je n'envoye pas les figures d'Horace et de La Fontaine que M. Landon a reçues le 26 décembre, et je le prie de me rendre les figures de Racine et de Virgile que je lui ai données à la même époque, mais brochées en carton.* Cette facture a été produite au Tribunal : elle comprenoit quelques autres volumes de peu de valeur, que je n'avois demandés que pour que le prix de l'échange fût régularisé de part et d'autre. Cet échange, qui n'a pas été consommé de suite, m'a donné lieu d'aller une ou deux fois chez M. P. Didot où je n'ai trouvé que M. Rigault. Ce dernier a dit ne m'avoir jamais vu qu'une seule fois antérieurement à cette négociation et pour un autre objet.

N'ayant eu occasion de m'entretenir de cette affaire avec M. Cœuré qu'après l'ouverture des débats, ce témoin n'a pas été entendu : il le seroit au besoin.

Enfin, ce fut en 1807, un an après la négociation dont je viens de rappeler les principales circonstances, que j'insérai le premier *trait* des estampes de M. P. Didot.

Les personnes qui se refuseroient à croire, sur ma simple déclaration, que la lettre d'autorisation, signée *Rigault* pour *P. Didot*, ait réellement existé, seront bien étonnées d'apprendre que mon premier trait ait été précisément l'un de ceux pour lesquels M. P. Didot prétend n'avoir pas donné son consentement. Je vais produire littéralement l'article du volume auquel ce *trait* a été annexé.

Planche 43, Mélibée, Corydon, Thyrsis; dessin de M. Gérard. — (*Ann. du Mus.*, tom. 14).

« Ce dessin est un de ceux que M. Gérard a composés pour « les magnifiques éditions dues aux presses de M. P. Didot « l'aîné, et aux caractères de M. Firmin Didot, son frère. Ces « célèbres imprimeurs ont publié, avec une perfection rare, « et un luxe particulier, les OEuvres de Virgile et d'Horace, « celles de Racine, de La Fontaine, de Bernard, etc.; ils les « ont ornées de plus de cent planches en taille-douce, d'après « les dessins de MM. Girodet, Gérard, Moite, Chaudet, « Percier, Prud'hon et Séraugéli. L'exécution de la gravure « est très-soignée, et répond à la beauté de l'impression. « MM. Didot se sont prêtés au désir que nous avions depuis « longtemps de publier ces compositions, dont ils conservent « précieusement les originaux : nous en extrairons les pièces « les plus capitales, etc.

« Mélibée, Corydon, Thyrsis, tel est le titre de la septième « éclogue de Virgile. Une citation en expliquera le sujet, nous « la tirons du commencement de ce poëme, par M. Firmin « Didot. Cet estimable artiste ne s'est pas uniquement renfermé « dans ses travaux typographiques; les Muses occupent ses loi- « sirs; et ses productions poétiques, ainsi que celles de son

« frère, ont été publiées avec succès. On doit à M. Firmin « Didot une traduction en vers des *Bucoliques* de Virgile.

MÉLIBÉE.

« Daphnis se reposoit assis sur des ombrages,
« Corydon et Thyrsis, etc.

« Le dessin qui sert de frontispice à cette éclogue, dans la « grande édition du Virgile de Didot, est d'une harmonie « piquante, dont un simple trait de burin ne peut indiquer « l'effet, mais on peut s'en faire une idée. Le groupe des trois « bergers est entièrement dans l'ombre; il n'y a de lumière « que dans le ciel, et sur une partie de la demi-figure qu'on « voit au deuxième plan. »

Je n'ai pas besoin d'expliquer le motif qui m'avoit fait choisir de préférence un sujet dont je prenois la description dans un ouvrage poétique de M. Firmin Didot. Je ne regrette point l'hommage public que je me suis plû à lui rendre, ainsi qu'à M. P. Didot, son frère. J'ai, à la vérité, beaucoup à me plaindre de ce dernier, mais l'injustice de ses procédés, envers moi, ne peut porter préjudice à l'estime que j'ai pour ses talens; cependant je ne m'attendois pas à la récompense que j'en reçois.

Si, comme je l'ai dit dans mon premier Mémoire, la conduite que j'ai tenue en cette circonstance n'annonçoit pas la bonne foi et la sécurité d'un homme, qui, en sa qualité d'*annaliste*, a jugé conforme aux bienséances de se mettre en règle avec M. P. Didot, comme avec tous les auteurs ou propriétaires de productions nouvelles des arts, il faut avouer qu'il y auroit eu de ma part, en cela, autant de gaucherie que d'impudence. Me serois-je exposé à recevoir, dès le jour même, un démenti formel, et à voir arrêter le cours d'une opération, qui m'avoit occasionné tant de soins et de dépense?

Ainsi, pendant environ trois ans qu'a duré la publication des tomes 14, 15, 16 et 17, qui contiennent 252 planches, parmi lesquelles sont les 72 réclamées par mon adversaire, je n'ai négligé aucune occasion de citer avec éloges M. P. Didot, et de faire valoir son honorable entreprise.

Depuis deux ans, ces insertions étoient terminées, lorsque le 8 décembre 1811, une personne qui m'est inconnue (et j'étois loin de prévoir le coup que l'on méditoit contre moi) se présenta de la part de M. P. Didot, et me fit diverses interpellations. Mes réponses furent simples et franches comme ma conduite; mais, étant à la veille de faire un voyage de quatre à cinq jours, je priai l'envoyé de M. P. Didot de lui dire qu'à mon retour mon premier soin seroit de l'aller trouver, et de lui donner des explications qui ne lui laisseroient aucun doute sur ma loyauté et sur ma bonne foi.

Je reviens le 13, je rentre dans ma maison, j'y trouve M. P. Didot, que je voyois pour la première fois. Il étoit accompagné de deux Magistrats, d'un Greffier, etc. Depuis plusieurs heures, la saisie des volumes étoit faite, le procès-verbal dressé, il n'y manquoit que ma signature.

Je passe tous les détails de cette scène que l'on aura peine à croire. A l'appui de mes réponses, j'allégue les démarches de M. Girodet : M. P. Didot les nie. Je montre les lettres de cet artiste : M. P. Didot balbutie et dit qu'il l'avoit oublié. Ce n'est qu'après la saisie de mes planches, chez mon imprimeur, et dans un autre quartier que celui que j'habite, qu'enfin M. P. Didot se désiste d'une partie de sa plainte, en ce qui concerne les planches d'après M. Girodet. Cette circonstance est digne de remarque, il les avoit comprises également dans la saisie.

Ne doit-on pas conclure, de tout ceci, 1.° que si les lettres de M. Girodet eussent été perdues, la saisie eût été maintenue sur la totalité de mes planches, et que j'eusse été privé d'un moyen de justification qui jette un grand jour dans cette affaire?

2.° Que si la lettre de M. Rigault étoit retrouvée et produite aujourd'hui, M. P. Didot penseroit être quitte envers sa conscience, et envers moi, en disant : *je l'avois oublié.*

Le seul récit des faits que je viens de présenter répond suffisamment à cette foule d'insinuations hasardées par M. P. Didot, dans le dessein de noircir mes intentions, et de faire suspecter ma bonne foi. Cependant, j'en réfuterai quelques-unes en particulier.

Je vais préalablement démontrer qu'un *simple trait* à l'eau forte ne peut être la contrefaçon d'une estampe;

Que le *trait* ne peut pas même être considéré comme une contrefaçon partielle, ainsi que le prétend M. P. Didot.

Je ferai sentir l'inconséquence, la futilité de son système de contrefaçon partielle.

Enfin, je prouverai que mes citations avec un *trait*, dans les *Annales*, n'ont pu porter aucun préjudice aux éditions de M. P. Didot, et qu'au contraire, elles ont dû en favoriser le débit.

Les *Annales du Musée et de l'Ecole moderne des beaux-arts*, recueil périodique, commencé il y a environ 12 ans, et ayant conservé, depuis son origine, le même mode d'exécution et de publication, ont pour but, ainsi que l'annonce le titre de chacun des 26 volumes dont elles se composent jusqu'à ce jour, de faire connoître, par le moyen de descriptions aidées d'un simple *trait* à l'eau forte;

1.° Les productions des anciens artistes, peintres et statuaires, conservées dans les Musées impériaux et dans divers établissemens publics.

2.° Les principaux ouvrages des artistes vivans.

Et, sous ce dernier rapport, le choix des productions de notre Ecole entre nécessairement dans le plan des *Annales*. On sentira que si les belles compositions de MM. Girodet, Gérard, Prud'hon, etc., n'y étoient pas annoncées et analysées, comme celles de tant d'autres artistes d'un mérite distingué, le but de l'ouvrage ne seroit pas aussi convenablement rempli qu'on a droit de l'attendre.

De plus, il est bon d'observer que les compositions, dont il s'agit, ont été décrites et présentées au *trait*, comme productions de notre Ecole, et non comme objets susceptibles d'être annexés à des éditions d'ouvrages littéraires, tels que ceux que M. P. Didot a publiés.

3.° Les *Annales du Musée* ont encore pour motif de former un ouvrage technique et critique, un véritable monument consacré aux arts, digne de contribuer à l'instruction des jeunes artistes, et à l'agrément des amateurs; et surtout destiné à répandre, jusques dans l'Etranger, la connoissance des chef-d'œuvres, soit anciens, soit modernes, que la France doit à ses conquêtes ou à la munificence du Gouvernement, ainsi qu'aux travaux annuels de l'Ecole.

Or, de même que le rédacteur d'un *Journal de Littérature*, après avoir détaillé le plan, la masse et les circonstances principales du poème, du roman, les principaux points du discours qu'il veut faire connoître au public, joint à son *analyse* quelques *citations* qui puissent donner une idée du style et de la manière de l'auteur; de même *l'annaliste des arts*, après avoir expliqué le sujet d'un tableau, d'un bas-relief, d'un dessin ou d'une estampe, etc., y joint un simple trait qui puisse donner une idée de la disposition du sujet, des intentions et du style de l'artiste. Cette manière de donner un extrait utile des productions des arts, qui ne peuvent toucher l'esprit qu'en parlant aux yeux, est la seule que l'on puisse employer avec succès. On ne peut donner moins qu'un *trait*, et ce *trait* ne sauroit être trop exact. En effet, en admettant dans son Journal *des traits* négligés, l'auteur des *Annales* recevroit, non-seulement de la part de ses lecteurs, mais encore de la part des artistes, le même reproche que le Journaliste qui, dans une analyse incomplète, auroit dénaturé le plan d'un livre, ou présenté des citations inexactes (1).

La citation avec le trait, d'une production des arts, est d'autant plus nécessaire pour en donner une idée nette, que la description la plus ingénieuse et la plus soignée, ne peut jamais donner que des idées vagues, et un résultat incertain. On peut en faire l'épreuve; sur cent personnes qui auront lu une description de ce genre, il n'y en aura pas

(1) Cette observation a pour objet de répondre au singulier reproche que me fait M. P. Didot, d'avoir fait exécuter les *traits* de mes Annales avec *une telle intelligence*, *une telle pureté*, *une si grande exactitude dans les détails les plus minutieux*, *dans tous les accessoires*, *les vêtemens*, *le paysage et l'architecture*, *que cette fidélité de travail dans l'imitation des parties les plus ingénieuses*, *quoiqu'au simple trait*, *doit être qualifiée de contrefaçon*, etc. Eh quoi! M. P. Didot auroit-il voulu que par une exécution précipitée ou par insouciance pour ses propres intérêts et pour la réputation des artistes, j'eusse altéré les compositions, que j'en eusse dénaturé le style, estropié le dessin; qu'au lieu de conserver, comme je le devois, et autant qu'il m'a été possible, dans ces petites-esquisses, les proportions, le caractère des formes, la grâce ou la noblesse des caractères, j'eusse donné à des Divinités, à des personnages héroïques une expression triviale, une physionomie basse et commune?... C'est alors qu'il auroit pu m'accuser de lui avoir nui, en donnant une idée désavantageuse des gravures qui ornent ses éditions.

une qui ait deviné, imaginé, je ne dis pas la disposition générale du sujet, mais seulement la pose, l'aspect véritable d'une seule figure. Un *trait* est donc nécessaire pour ne pas faire prendre le change au lecteur.

Je dirai plus : l'extrait d'une estampe ou d'un dessin laissant toujours, malgré les soins et l'habileté du graveur, plus ou moins à désirer, ce genre de citation est beaucoup moins complet, relativement aux ouvrages de l'art, que ne l'est, en littérature, un extrait de quelques pages jointes à l'analyse exacte du plan de l'ouvrage.

En effet, une citation textuelle est un fragment positif, complet, identique d'une œuvre littéraire. On y trouve, non-seulement la pensée, mais encore le style, la manière de l'auteur, ou plutôt l'auteur lui-même, l'auteur tout entier.

Mais un *trait* simple, et surtout d'une aussi petite dimension que ceux qui sont insérés dans les *Annales du Musée*, ne fait *qu'indiquer* mais non *rendre* (ce que font seuls le tableau ou l'estampe) la pensée, l'intention de l'artiste, la pureté de son dessin, l'exactitude, le véritable caractère des profils; il ne fait pas même sentir les formes intérieures qui ne peuvent être exprimées que par le concours des lumières et des ombres. Un *trait* ne donnera ni la finesse d'expression, ni l'étude des détails, ni la dégradation des plans, ni le sentiment du relief, ni l'effet pittoresque, toutes parties intimement liées, matériellement indivisibles, et sans lesquelles un tableau ou une estampe sont des êtres de raison.

Il seroit aussi ridicule de prétendre que le *trait* d'une estampe en est la contrefaçon, que de soutenir qu'un *trait* en couleur, exécuté au pinceau d'après un morceau de peinture, est la copie du tableau.

Le but de l'annaliste des arts n'est donc pas plus de contrefaire, que celui du journaliste d'être plagiaire ou contrefacteur, lorsqu'il donne des morceaux de poésie fugitive tout entiers ou des extraits étendus d'un ouvrage.

En citant, avec l'aide du *trait*, les dessins de MM. Gérard, Sérangéli et autres, appartenant à M. P. Didot, lequel, sous ce rapport, rentre dans la classe des artistes ou propriétaires d'ouvrages d'arts, je n'ai donc fait autre chose que d'user d'un privilége acquis aux journalistes; privilége qui, jusques à présent, ne leur a point été contesté, mais que l'on mettroit bientôt en doute, si la bonté de ma cause, qui devient aussi la leur, pouvoit échapper à la conscience et aux lumières des Magistrats.

Et quel écrivain n'a pas sollicité, au prix même d'un ou de plusieurs exemplaires de son livre, la critique souvent affligeante et sévère du rédacteur d'un journal littéraire? Et pourtant, quel auteur critiqué a jamais actionné un journaliste devant un tribunal?

Et moi, lorsqu'ayant à ma disposition tant d'autres matériaux pour mes *Annales*, j'acquiers les estampes de M. P. Didot, afin de pouvoir les examiner mûrement, et motiver avec connoissance de cause, les éloges que je me plais à accorder aux artistes et à l'éditeur, ce dernier me proclame, comme je l'ai dit déja, *contrefacteur*, *plagiaire*, *spoliateur*.

Oui sans doute, et je ne dis rien de trop; durant cinq années, j'ai contribué plus que qui que ce soit à étendre la réputation des éditions de M. P. Didot et sa propre réputation, et il voudroit flétrir la mienne; j'ai favorisé le débit de ses planches, et il requiert juridiquement à son profit, la confiscation de mes cuivres. Ce n'est point assez pour M. P. Didot, il demande de plus une somme de 30,000 fr., somme très-modique, sans doute, et fort au dessous de ce qu'il prétend avoir le droit de réclamer (il l'a dit très-sérieusement) 1,800,000 fr.!

A la suite de ces observations, si simples qu'elles frapperont l'esprit des personnes auxquelles le langage de l'art est le moins familier, après ces comparaisons si naturelles, et en même temps si claires qu'elles se transformeront en argumens contre la doctrine de M. P. Didot, je veux lui faire, à lui-même, la question suivante:

L'usage du simple *trait* n'est-il pas général et exclusif dans les *Annales du Musée?* N'est-ce pas toujours un simple *trait* que j'employe pour donner l'idée d'un tableau historique, d'une statue, d'un dessin, d'une estampe, d'un modèle d'architecture, d'un bas-relief, d'une médaille, etc.; tous objets antérieurement présentés à l'exposition publique, pour la plupart répandus dans le commerce, avec le genre d'exécution qui leur est propre, et qui les caractérise matériellement, et dont, suivant votre système, chaque auteur pourroit m'accuser d'avoir usurpé *le trait, la pensée,* qui selon vous, est la *partie essentielle* de toutes ces productions?

Or, comment ferez-vous comprendre, M. P. Didot, qu'un simple *trait* pût être tout-à-la-fois, la *contrefaçon* de tant d'objets de diverse nature? L'acception du *trait*, comme moyen universel d'imitation et de contrefaçon, est donc chimérique, contradictoire; une gravure au *trait* ne peut donc être la contrefaçon que d'une gravure au trait; il n'y a donc pas de contrefaçon dans le *trait* des *Annales.*

Présumant, avec raison, que la vérité de cet argument si simple, n'échapperoit ni aux juges ni au public (car il ne faut que jeter les yeux sur les estampes de M. P. Didot, et les comparer avec les planches des *Annales*, pour en être convaincu), mon adversaire s'est enfin retranché dans un système particulier de contrefaçon; il en a créé les principes (1).

(1) M. P. Didot me reproche *d'ériger en principes des systèmes sur la contrefaçon, sur le plagiat simple :* ces principes sont depuis longtemps reconnus, et peuvent être comparés avec ceux de M. P. Didot.

Mais avant de nous engager dans ce nouveau labyrinthe, c'est le mot, comme nous le verrons dans la suite, je vais essayer de définir ce que l'on peut, ce que l'on doit entendre par contrefaçon partielle en matière de gravure; j'examinerai, ensuite, si mes opérations présentent aucune des circonstances qui caractérisent un semblable délit.

La contrefaçon partielle, en matière de gravure, ne peut exister que dans deux cas bien déterminés. Le premier a lieu lorsque le copiste fait des changemens notables dans la production originale, substitue un autre nom à celui de l'auteur, ou employe tout autre moyen d'altération pour déguiser son larcin, embarrasser les juges, et éluder la loi. J'en pourrois bien citer quelques exemples : et certes, M. P. Didot ne me fera pas un pareil reproche, lui qui m'accuse (étrange accusation) d'avoir observé dans mes planches au *trait*, tout ce qui pouvoit donner l'idée la plus avantageuse de la composition et du dessin de ses estampes.

Le deuxième cas de contrefaçon partielle ne peut être que la reproduction fidèle, l'imitation servile et complète d'une portion distincte, d'un fragment plus ou moins considérable, extrait matériellement, et traité dans le même genre d'exécution que l'estampe primitive; tels seroient, par exemple, une ou plusieurs figures, un ou plusieurs groupes, un fonds d'architecture ou de paysage, terminés et rendus de manière à former, par leur reproduction complète, une autre estampe, un autre tout, ou même à figurer avec quelque importance dans un autre ouvrage de même nature.

C'est ainsi qu'on a caractérisé, par analogie, la contrefaçon partielle en littérature, devant ce même tribunal qui doit prononcer dans ma cause. En effet, le caractère de la contrefaçon partielle, en littérature, ne consiste pas dans la prise du plan, du programme et de l'ordonnance du livre original, mais seulement dans la reproduction servile, exacte, d'un ou de plusieurs chapitres, ou d'un certain nombre de pages réimprimées textuellement, et formant la partie principale, essentielle de l'un des deux ouvrages.

Pour justifier sa plainte, M. P. Didot a donc imaginé de dire que la *pensée*, *que le trait*, *est la partie essentielle* d'un ouvrage de l'art, et notamment de ses estampes; que l'exécution, c'est-à-dire, le fini, le développement, le *rendu* de la pensée, tels que les ombres et les lumières, la perspective, le fuyant des contours, le clair-obscur, l'effet, l'harmonie générale (toutes qualités qui constituent une estampe, et sans lesquelles il n'y a point d'estampe), n'en sont que les *accessoires*, et souvent même, selon la nature du sujet, les *parties superflues et parasites* (1).

---

(1) Fidèle au système qu'il professe aujourd'hui, si M. P. Didot, en faisant exécuter des planches pour ses éditions, se fût attaché uniquement aux *parties principales et essentielles*, et eût retranché impitoyablement *celles qui ne sont qu'accessoires*, *ou superflues ou parasites*; en un mot, s'il eût fait graver ses planches au *simple trait*, j'ignore si le public lui auroit su gré de ce dévouement aux grands principes, dans la confection d'une édition de luxe; mais il est certain qu'il eût singulièrement diminué ses dépenses. Car portant, par supposition, ses frais de gravure à 100,000 fr., on peut en compter au moins 80,000 pour les parties *accessoires superflues ou parasites*, c'est-à-dire pour les ombres et pour le fini; et il n'eût payé les parties *principales et essentielles*, c'est-à-dire les dessins et les planches au trait, que 20,000 fr. au plus, ce qui eût produit une grande économie pour l'entreprise. Alors M. Didot n'eût pas fait entendre très-clairement à l'audience, qu'ayant épuisé tous ses moyens pour élever un monument à la typographie française, et même engagé le patrimoine de son épouse, il étoit tout simple qu'il profitât de l'avantage, du dédommagement que lui offre, par occasion, la loi contre les contrefacteurs.

Oui, sans doute, la pensée est une partie essentielle du travail de l'artiste, puisqu'elle est le préliminaire de l'exécution, et qu'elle dirige toutes les autres parties; mais ce sont ces dernières, ces dernières seules, qui font ressortir cette pensée, et lui donnent une valeur réelle; sans elles, la pensée la plus ingénieuse n'est qu'un germe stérile: sans elles, le contour léger qui la captive n'est qu'une abstraction, à laquelle l'imagination seule peut prêter une existence vague et fugitive : et qui peut ignorer qu'une gravure savamment exécutée, d'après le sujet le plus commun, est souvent d'un prix considérable, tandis que le *trait gravé* de la composition la plus noble et la plus parfaite, est d'une valeur à peu près nulle dans le commerce? Je dis dans le commerce, parce que c'est sous le rapport commercial, véritable point de la question, que M. P. Didot prétend avoir éprouvé un préjudice, et avoir des dommages à réclamer.

Le trait ou la pensée d'une estampe n'étant pas ce qui détermine sa valeur intrinsèque, le trait n'en est donc pas la partie essentielle.

Or, de simples contours, tels que ceux dont il s'agit, ne

Quoi qu'il en soit, M. P. Didot, et c'est lui-même qui l'assure, a si bien reconnu que des planches au trait sont susceptibles de produire un bon effet dans une édition soignée, qu'il avoit depuis longtemps projeté d'en publier une suite de ce genre, pour accompagner le texte d'un poème latin.

Cependant, et il est bon de l'observer ici, M. P. Didot a lui-même trouvé le succès d'une semblable spéculation si douteux, que ces mêmes planches *au trait*, qu'il a montrées dernièrement comme un témoignage de la réalité de ses intentions, il les avoit bien antérieurement rendues, dessins et cuivres, aux héritiers de l'artiste, mort depuis près de deux ans.

présentant, ni sous le rapport de leur exécution, ni sous l'aspect de la valeur commerciale, la *partie essentielle, principale* des estampes de M. P. Didot (1), il s'ensuit que mes planches au trait n'offrent, sous aucun point de vue, les caractères de la contrefaçon partielle.

L'observation suivante jetera un nouveau jour sur la question.

On ne sauroit, je l'ai dit déja, d'après un ouvrage d'art, prendre moins que le *trait* simple, si l'on veut en donner une idée; mais comme le trait n'existe réellement pas plus dans un ouvrage d'art que dans la nature même, il s'ensuit que si, renonçant à l'usage du trait, j'eusse cherché seulement à rendre sensibles la couleur, la lumière, l'ombre, le clair-obscur, enfin ces *accessoires*, ce *superflu* que M. P. Didot m'abandonne avec tant de générosité, j'en aurois rendu l'effet, le simulacre tel que l'offre la nature; c'est-à-dire, résultant de l'opposition de tons locaux, des ombres et des lumières; j'aurois rendu l'original même, et c'est alors qu'il y auroit véritablement contrefaçon, non partielle, mais totale.

Mais M. P. Didot ne se tient pas encore pour convaincu, il vient de mettre en avant un nouveau système de contrefaçon partielle en matière de gravure : système *conditionnel*, car c'est ainsi qu'il faudra l'appeler. Je vais donc en rassembler les élémens, tels qu'ils se présentent dans l'Ecrit de mon adversaire; je les réunirai pour en former le dernier argument que l'on m'oppose, et auquel, sans doute, on a pensé que je n'aurois rien à répondre.

---

(1) Ils ne formeroient pas même, sous le rapport du nombre, une partie essentielle de ma collection. Les sujets réclamés par M. P. Didot sont au nombre de 72. Les Annales en contiennent environ 1900.

« Les sujets des dessins dont il s'agit, (ainsi s'exprime « M. P. Didot, à l'aide de citations et de raisonnemens « puisés dans une source étrangère), sont tirés des poëmes « de Virgile, des tragédies de Racine, des poëmes de Psyché, « de Daphnis et Chloé, et d'Adonis; en sorte que le peintre « a dû, pour traiter fidèlement ces sujets, se pénétrer de « l'étude de l'antique, tant pour les figures que pour les cos- « tumes, et tous les accessoires. Les figures antiques ont donc « nécessairement servi de type et de modèles à celles que le « crayon de Girodet, de Gérard, de Chaudet, de Prud'hon, « destinoit aux ouvrages littéraires que publioit M. P. Didot. « Or, qu'est-ce qui distingue éminemment les figures antiques?... « D'où vient la grâce inexprimable qui séduit en elles? Elle « vient de la belle simplicité des formes, de la pureté et de « la douce ondulation des contours, et de mille autres avantages, « qui, tout-à-fait étrangers à l'ombre et à la lumière, peuvent en- « tièrement se manifester par un simple trait. Ainsi donc, « toutes les fois qu'il s'agira, si l'on peut employer ces expres- « sions, de représenter des figures homériques ou virgi- « liennes, toutes les fois qu'on voudra donner connois- « sance de ce beau idéal que trouvèrent les Phidias et les « Praxitèle, et que les poètes anciens auroient pu appeler le « secret de l'Olympe, on regardera avec raison comme des « moyens secondaires, et souvent superflus, la lumière et « les ombres, qui n'ajoutent rien à ce qui fait le mérite de « ces figures. »

Je doute que MM. Gérard, Girodet, etc., auteurs des dessins en question, fussent très-flattés d'entendre dire que l'emploi des ombres et des lumières, qui seul donne la vie, le relief, l'effet pittoresque à des objets tracés sur une surface plane, n'a rien ajouté au mérite de leurs compositions; et qu'on ne leur sait aucun gré du soin qu'ils ont pris d'en perfectionner les détails par une exécution sûre et précieuse; de faire ressortir toutes les nuances de l'expression; distinguer, par la dégradation des teintes, les objets éloignés, de ceux qui ornent les plans antérieurs; enfin d'imaginer ces heureux accidens de clair-obscur par l'effet desquels se détachent les uns des autres, et les objets en particulier et leurs masses générales : prestige étonnant, perfection de l'art, admirable réunion des moyens que M. P. Didot appelle *secondaires*, mais qu'il falloit plutôt dire *subséquens*, du travail ingénieux des artistes.

Faire consister, dans l'indication donnée par un simple *trait*, la reproduction de tout ce qui constitue la beauté des chef-d'œuvres de la statuaire antique, monumens qui, non-seulement présentent autant de traits différens qu'ils offrent d'aspects, de points de vue au spectateur, mais doivent encore à leur exécution merveilleuse les hommages d'admiration qu'ils ont reçus de tous les siécles; réduire au seul mérite du simple trait ou de la pensée, ces miracles de la peinture où brillent, tout-à-la-fois, ses plus sublimes beautés : ah! c'est ravaler le but et l'essence de l'art; c'est vouloir le faire rétrograder; c'est, enfin, je le dis à regret, le reporter à ces temps obscurs où, pour la première fois, et guidée par le hasard, une jeune grecque fixa sur la pierre l'ombre d'une figure humaine!

« Cependant, et comme pour modifier, pour restreindre, « dans de plus justes bornes, l'étrange système que l'on veut « m'opposer, il faut en convenir, (ajoute M. P. Didot, par « suite de ses citations), il est des ouvrages moins susceptibles « que d'autres d'être imités au simple trait, et dont, par con-« séquent, ce mode de reproduction ne pourroit point pa-« roître judiciairement capable d'opérer une contrefaçon réelle. « Il est donc essentiel de distinguer le genre des ouvrages

« ainsi copiés. Un simple trait ne pourroit donner une notion « exacte d'un tableau dont tout le mérite dépend d'un effet « de lumière ou des prestiges du clair-obscur. »

« Nul amateur de bonne foi ne verra une contrefaçon ou « une imitation, ni dans le trait d'un Coucher du Soleil de « Claude le Lorrain, parce que le burin ne peut rendre ces « restes brûlans du jour épars sur mille objets qu'ils colorent, « et cette vapeur lumineuse qui semble faire de la toile une « atmosphère animée; ni dans le trait d'un Clair de Lune de « Vander Néer, dont le mérite principal consiste dans l'op- « position des ombres, des clartés piquantes et des reflets mou- « rans; ni dans les traits d'une Neige de César Vanloo, ou « d'un Brouillard de Vernet, ou d'un Incendie de Breughel, « parce que ces sortes de tableaux se distinguent par des ac- « cidens de lumière, d'ombre et de clair-obscur, et que le « burin est tout-à-fait impuissant quand il s'agit de repro- « duire les touches brillantes ou sombres, les tons vigoureux, « et ce mélange harmonieux, cette union, cette transition de « couleurs que Pline appelle : *Commissura et transitus co- « lorum.* »

« Le simple trait ne pourra pas même imiter une estampe, « quoiqu'elle n'offre pas l'obstacle des couleurs à surmonter, « si cette estampe tire son principal effet de l'artifice de « la lumière et des ombres, et de leur distribution pitto- « resque. »

« Ainsi, par exemple, il seroit difficile de voir une con- « trefaçon dans le simple trait d'une gravure telle que celle « qui est connue dans le commerce sous le nom d'Ossian. « Ce bel ouvrage doit presque tout son charme à je ne sais « quoi d'aërien, de vaporeux, répandu dans tout son en- « semble. Le trait, dans ses contours trop déterminés, trop « précis, ne pourroit pas exprimer le vague et l'hésitation

« des formes nébuleuses de tous les fantômes, de toutes les « apparitions légères qui se groupent autour du Barde. »

Ce raisonnement n'est que spécieux; il est d'autant moins difficile à vaincre, qu'il se détruit de lui-même, du moment où l'on veut l'appliquer à la cause dont il s'agit.

En effet, s'il est vrai que dans l'imitation, ou, pour mieux dire, dans l'indication du style et de la composition de certaines productions de l'art, le simple trait présente une contrefaçon réelle; si, au contraire, dans d'autres circonstances, ce mode, ce degré d'imitation n'offre aucun des caractères de la contrefaçon, il s'ensuit que la propriété de contrefaire n'est pas inhérente à la nature du *trait*, et que cette faculté n'est qu'accidentelle. Cette conséquence mérite une attention particulière.

Où mèneroit cet étrange système dans la discussion de causes semblables à celle dont il s'agit? A porter dans l'examen des productions des artistes le scalpel d'une litigieuse et ridicule analyse; à provoquer la dissection, la décomposition de tant d'ouvrages, dont, aux yeux du goût et de la raison, les parties intégrantes sont intimement liées, sont indivisibles.

Dans quelle cathégorie, je le demande à M. P. Didot, placera-t-on ces beaux ouvrages où l'on admire tout-à-la-fois la grâce et la profondeur de la pensée, la pureté des formes et la beauté du coloris, la finesse de l'expression et la magie du clair-obscur? Le célèbre tableau de *la Nuit* du Corrège, le Martyre de S. Pierre du Titien, et tant d'autres parmi les anciens; au nombre des modernes, l'Achille de Regnault, le Marcus Sextus de Guérin, le Bélisaire de Gérard, le Déluge et l'Atala de Girodet, le tableau de la Justice divine de Prud'hon, la Psyché enlevée par le Zéphire du même artiste; les tableaux nationaux de Sully et du président Molé par Vincent, de la Mort de Léonard de Vinci par Ménageot; les scènes sentimentales de Greuze; tant de tableaux du genre héroïque, aussi bien entendus de coloris et de clair-obscur que de style et de composition, et qui, dépouillés de la dignité du sujet, de la noblesse des caractères et de la correction du dessin, formeroient encore, sous le rapport pittoresque, des ouvrages dignes d'estime, seront-ils ou ne seront-ils pas susceptibles d'être contrefaits par un simple trait?

Un simple trait sera-t-il ou ne sera-t-il pas la contrefaçon de ces beaux paysages des Caraches, du Dominiquin, du Poussin, du Bourdon, et autres maîtres, remarquables par la vigueur ou la finesse du coloris, par de beaux accidens de lumière, par des effets particuliers de clair-obscur, et dans lesquels l'artiste a introduit des monumens de sculpture, des personnages de l'antiquité, aussi bien peints qu'ils sont dessinés avec correction et élégance?

On ne peut se le dissimuler; si l'opinion des juges pouvoit se fixer raisonnablement sur une base aussi incertaine, sur des principes aussi illusoires, quelle main assez sûre viendroit tracer cette ligne de démarcation, ce point imperceptible et toujours prêt à varier, en deçà duquel une imitation à l'aide du simple trait seroit une chose louable, utile, lorsqu'au delà elle caractériseroit un délit? Où s'arrêteroient enfin les limites qu'un artiste ne pourroit franchir sans compromettre son honneur et sa fortune?

Osons le dire, présenter des distinctions aussi frivoles, aussi chimériques pour motif d'une action judiciaire, c'est vouloir introduire, dans le sanctuaire de la justice, l'arbitraire, le caprice et l'erreur; c'est vouloir transformer la carrière des arts paisibles en un champ toujours ouvert aux débats, aux jalousies, à la cupidité.

Des principes spécieux tels que ceux dont on vient de démontrer la frivolité, offerts dans l'intimité de la conversation par quelque amateur des beaux-arts, zélé, ardent, mais à qui la théorie et la pratique seroient également étrangères, éblouiroient peut-être les gens du monde, mais ne convaincroient pas les artistes.

Enseignés par un homme de l'art, ils introduiroient de fausses idées dans l'esprit des jeunes élèves, ils mettroient obstacle à leurs progrès; toutefois ce ne seroit qu'une erreur.

Mais lorsqu'ils retentissent à l'oreille des Magistrats, lorsqu'ils sont proposés par M. P. Didot pour base d'un jugement qui ruineroit, tout-à-la-fois, la fortune et la réputation d'un artiste dont les intentions et la conduite sont également irréprochables; par cela seul, ces principes sont dangereux, et peuvent troubler l'ordre social. Je me fais donc un devoir de les combattre avec toutes les armes que me fournissent le bon droit et l'expérience, non-seulement pour sauver mon honneur et les intérêts de ma famille, mais encore pour l'honneur des beaux-arts auxquels j'ai consacré mes travaux, et pour la sécurité de tous ceux qui les cultivent.

La conséquence qui dérive naturellement de ce dernier point de la discussion, sous le rapport de l'art, et celles qui ont été tirées des points antérieurement discutés, concourent à établir en principe :

1.° Qu'une gravure réduite *au simple trait*, n'est la contrefaçon ni d'un tableau ni d'une estampe;

2.° Qu'elle n'est pas même une contrefaçon partielle;

3.° Que sous quelque rapport que ce soit, il n'y a pas contrefaçon dans l'espèce;

4.° Que la destination bien connue des estampes de M. P. Didot, et celle des *Annales du Musée* détruisant toute idée de concurrence, on ne peut pas même supposer la plus légère intention de contrefaçon (1).

Il s'ensuit donc que la saisie de mes planches et la demande en dommages et intérêts formée contre moi par M. P. Didot, n'étant fondées sur aucun motif plausible, son procédé est un acte inconcevable d'erreur et même d'injustice.

Je m'étois proposé de prouver en terminant ce Mémoire que la citation ou *simple trait* des estampes de M. P. Didot, loin de nuire au débit de ces dernières, sous quelque forme de distribution qu'il les émît dans le public, n'avoit pu que favoriser ses entreprises; et que l'annonce et l'insertion dans des Annales consacrées aux arts l'avoient servi plus directement qu'aucun autre journal. Mais, en jetant de nouveau les yeux sur mon premier Ecrit, je me suis assuré que je ne pouvois ajouter que des preuves surabondantes, puisque je les ai déja produites. Je prie MM. les Magistrats de vouloir bien y recourir s'ils le jugent nécessaire. Je me bornerai à leur soumettre ici un petit nombre d'observations dont ils pourront apprécier l'importance.

1.° M. P. Didot a annoncé qu'il étoit lui-même dans l'intention de publier, (je veux bien l'en croire) à des prix mé-

(1) Attentif à recueillir, à intercaller textuellement dans sa Réponse la majeure partie du plaidoyer de M. le Substitut, dans l'intention de fortifier sa cause, de m'opposer un nouvel adversaire, de m'écraser de toute l'autorité du ministère public, combien M. P. Didot ne se seroit-il pas fait honneur, s'il fût convenu du moins avec ce Magistrat recommandable, dont je cite ici les propres expressions : *que mes intentions étoient pures; que j'ai agi de bonne foi, dans le dessin d'être utile; que mes Annales avoient servi de Prospectus aux éditions de M. P. Didot; enfin, que de ma part, il n'y auroit eu qu'erreur.* Quelle différence de ce langage de justice et de bienveillance, aux insinuations de M. P. Didot!

diocres et proportionnés à la fortune du plus grand nombre, des éditions en petit format, de Virgile, de Racine, et autres, et d'annexer à ces éditions *des gravures au trait* pareilles à celles des *Annales du Musée ;* mais, qu'ayant pris l'avance j'ai dérangé sa spéculation.

Rien ne s'oppose à ce que M. P. Didot exécute son projet. J'ai fait graver des traits pour les *Annales* et non pour des éditions de Virgile et de Racine : et M. P. Didot doit être d'autant plus rassuré maintenant sur la concurrence qu'il a paru craindre, que j'ai moi-même, avant la clôture des débats, renoncé à faire à l'avenir aucun emploi des planches qui lui portent ombrage.

2.° J'ai dit que l'insertion d'un trait dans un journal des arts ne pouvoit qu'être utile au débit d'une planche terminée. Je produirois ici au besoin cent témoignages non suspects d'artistes distingués. Et cela est si vrai que ceux qui m'accordent ou me demandent ce genre de citation dans les Annales, choisissent, de préférence, le tableau ou le dessin qu'ils se proposent de graver, ou l'estampe qu'ils viennent de mettre au jour. J'en pourrois donner quelques exemples très récens, même depuis la naissance du procès qui m'est intenté par M. P. Didot.

3.° Quelque modique que soit le prix auquel j'ai fixé la souscription aux *Annales du Musée,* il n'est pas vraisemblable qu'un amateur veuille se procurer (puisque les planches ne se vendent pas sans le texte) les tom. 14, 15, 16 et 17 séparés, qui lui coûteroient 82 francs pour en extraire une soixantaine de planches qui y sont répandues, et dont la valeur intrinsèque n'est que de 9 à 10 francs.

En joignant ces *traits* à de petits formats, on n'auroit complets ni le Racine ni le Virgile, que je n'ai pas donnés en entier, et qui forment dans les éditions de M. P. Didot les suites les plus nombreuses; celles de Psyché, Bernard et autres ne contenant que 4, 6 ou 10 planches, ce seroit payer bien cher une aussi triste fantaisie.

D'ailleurs, en plaçant ces *traits* dans de petites éditions, on n'auroit toujours que des aperçus et non l'équivalent des planches de M. P. Didot; il n'en est pas en matière d'art comme en littérature, où un livre de 10 sous peut remplacer une édition du plus haut prix.

4.° Enfin prétendre, ainsi que le fait M. P. Didot, que l'on achètera les *Annales* pour se dispenser d'acquérir ses éditions, c'est dire que l'on peut recueillir des feuilletons et des articles de journaux pour tenir lieu des livres qui y sont cités.

Il me reste à réfuter quelques-unes des imputations contenues dans le *Factum* de M. P. Didot.

1.° M. P. Didot me reproche d'avoir employé dans mon Précis *des parallèles hors d'œuvre*, et ne donne aucun éclaircissement sur ce point. Je vais suppléer à son silence.

Une note de mon Mémoire contenoit le témoignage de mon estime pour M. Firmin Didot, frère de M. P. Didot; mes éloges parurent à ce dernier un parallèle offensant pour sa personne, et en mars 1812, parut, dans le Journal de l'Empire, une Lettre signée *Firmin Didot*, et adressée au Rédacteur; elle est conçue en ces termes :

« *Il vient de paroître un Mémoire intitulé:* Quelques idées sur le Procès intenté à M. Landon par M. P. Didot. *Dans la note page 15 de ce Mémoire, on veut bien me donner des éloges; mais ils ne peuvent me paroître agréables, lorsque celui qui les donne semble avoir pour but d'établir un parallèle offensant pour un frère que j'aime et que j'honore.* »

L'attachement que j'ai voué à M. Firmin Didot m'interdit toute réflexion sur le contenu de cette Lettre, et sur les motifs qui l'ont dictée. Elle a été une énigme pour les personnes qui n'étoient point au courant du procès.

Aussitôt que j'en eus connoissance, je m'empressai d'adresser à M. P. Didot, mon adversaire, la lettre suivante:

« Si vous avez cru trouver, Monsieur, ainsi que M. Firmin « Didot, votre frère, semble l'avoir trouvé lui-même, un « parallèle offensant pour vous dans les justes éloges que « j'ai eu occasion de lui adresser, je me plais, en galant « homme, à vous désabuser. Dans la querelle qui nous di- « vise, vous et moi, j'ai dû distinguer deux frères, que le « public confond assez souvent, et que plusieurs personnes « ont confondus dans cette dernière circonstance. Les louanges « données à l'un des deux ne peuvent être une injure envers « l'autre; et d'ailleurs, dans un Mémoire publié pour ma « défense, on n'a pas dû s'attendre à trouver l'éloge de mon « adversaire.

« Cependant, Monsieur, si vous mettez quelque prix au « témoignage public de mon estime, et s'il vous restoit quel- « que doute sur la nature de mes sentimens, vous en trou- « verez l'expression dans plusieurs endroits des quatre derniers « volumes de ma première Collection. Ils vous convaincront, « Monsieur, de la considération que je porte à votre mérite « personnel et à vos talens. »

2.° Dans un autre passage de son Mémoire, M. P. Didot s'exprime ainsi : « M. Landon connoît très-bien tout le parti « qu'on peut tirer des cuivres de gravures aussi précieuses ; « déja après avoir achevé un ouvrage en 12 volumes, inti- « tulé : *Galerie historique des Hommes célèbres*, orné de « portraits, M. Landon a fait tirer un nombre considérable « d'exemplaires de ces portraits qu'il a vendus aux frères « Michaud, pour leur Dictionnaire Biographique; depuis, il « a vendu les cuivres à MM. Treuttel et Würtz.

Ce fait est inexact : en cédant à MM. Treuttel et Würtz le fonds de l'ouvrage ci-dessus, j'y ai compris le marché passé antérieurement avec les frères Michaud, pour la fourniture des portraits ; ils ont été livrés, depuis, par moi, pour le compte et au profit de MM. Treuttel et Würtz.

Quant au parti que M. P. Didot prétend que je puis tirer des cuivres *des Annales*, M. P. Didot voudra bien se rappeler que pour calmer les inquiétudes qu'il affecte de témoigner à ce sujet, et, dès l'origine du procès, j'ai offert de le rendre propriétaire des cuivres qui contiennent les sujets par lui réclamés, pour le prix le plus modique, ne me réservant que la faculté d'en tirer un certain nombre d'exemplaires, pour compléter le texte de mon édition ; mais ce n'est pas cela que veut M. P. Didot.

3.° Je n'ai jamais dit que M. P. Didot, possesseur en 1806 des 12 premiers volumes de mes *Annales*, les seuls qui eussent été publiés à cette époque, ait eu, dès-lors, connoissance de l'insertion des traits, d'après les dessins de M. Gérard, et autres, qui n'ont paru que dans le tome 14. Nul n'est capable d'une pareille absurdité. Mais j'ai dit, et je persiste à le dire, que M. P. Didot, qui a connu les *Annales* en 1806, ayant, dès 1804, trouvé bon que j'y insérasse les 16 dessins de M. Girodet, étoit alors bien loin de penser que ce genre de *citation* fût une contrefaçon ; car aucun libraire, quelque considérable que soit le fonds des ouvrages qui sont sa propriété, ne permettra jamais la contrefaçon d'un seul de ces ouvrages.

Quelle fut donc alors, selon toute apparence, la première pensée de M. P. Didot ? Que cette citation lui seroit utile. Ces citations s'étant multipliées dans la suite, s'il a senti quelques secrets mouvemens d'inquiétude, du moins ils n'ont pas été très-vifs : le temps n'étoit pas encore venu de les manifester.

Mais lorsqu'en décembre 1811 il lit, dans le *Journal de l'Empire*, l'annonce du 17.me volume des *Annales*, où sont compris en plus grand nombre les *traits* en question; lorsqu'il voit le Rédacteur vanter le succès et le débit des *Annales*, ah! c'est alors, sans doute, qu'il pense que ce qui lui a été indifférent durant l'espace de cinq années, peut tout-à-coup lui devenir profitable. La chose est facile. On dresse une plainte en contrefaçon, on requiert, on obtient la saisie des planches, et puis on demande une somme de 30,000 francs : quelle plus prompte spéculation! Dans un seul jour, quel bénéfice! Oui, c'est ainsi que j'explique, et que tant d'autres expliqueront la conduite de M. P. Didot.

4.° Dans l'intention de me présenter comme un homme suspect, de me signaler comme un coupable pris en récidive, M. P. Didot se permet de rappeler une discussion qui s'éleva, il y a plusieurs années, entre M. Filhol et moi, et qui ne fut pas même débattue. Il ne s'agissoit pas, cette fois, *de la prise de la pensée*, puisque la propriété étoit commune à tous, mais d'une sorte de conformité entre les dimensions et le genre d'exécution de nos deux ouvrages respectifs. Je rends ici la justice due à M. Filhol, qu'il n'avoit point fait, de cette affaire, l'objet d'une spéculation. Ce n'étoit pas de l'argent qu'il demandoit; il eut l'honnêteté de me l'assurer lui-même; nous nous entendîmes, M. Filhol et moi, comme des gens honnêtes savent s'entendre; et une transaction prévint les suites désagréables que pouvoit avoir cette affaire pour l'une ou pour l'autre des deux Parties. C'est ainsi, qu'avec de la raison, de la prudence et de la délicatesse, on termine certaines contestations auxquelles la loi ne semble pas être applicable.

5.° Je lis, à l'avant-dernière page du *Factum* de M. P. Didot, le paragraphe suivant :

« Grâces en soient rendues à M. Marchangy! Son plaidoyer

« a produit, sur tous ceux qui l'ont entendu, l'effet qu'il « devoit produire; il a été tel qu'il a opéré une demi-con- « version sur M. Landon. »

Ainsi qu'il l'exprime quelques lignes plus bas, si M. P. Didot entend par une *demi-conversion* la déclaration que j'ai faite de ne vouloir user à l'avenir d'aucune des planches *au trait* dont il réclame, avec tant d'éclat, *la pensée*, comme étant sa propriété; je vais encore lui montrer l'inexactitude de cette assertion. La preuve en est dans le passage suivant, extrait de mon premier écrit:

« M. Landon le répète : c'est son honneur seul qu'il veut « défendre; c'est la pureté de ses intentions, la droiture de sa « conduite qu'il veut montrer dans tout leur jour. Du reste « on l'a déja déclaré en son nom à l'audience, et il le dé- « clare de nouveau. Dans tout état de cause, il supprime à « l'avenir, il exclud de son recueil toutes compositions qui « pourroient y rappeler le nom de M. P. Didot; non qu'il « lui reconnoisse le droit d'exiger ou de faire ordonner, « sous *le prétexte d'une contrefaçon qui n'existe pas*, qu'on « ne citera plus ses gravures par le moyen d'un *trait* dans « les *Annales du Musée*; mais parce que M. P. Didot « ayant annoncé qu'il projette la publication de toutes ses « magnifiques gravures *au simple trait*, spéculation d'un genre « si étrange que personne n'y croira; M. Landon veut lui « laisser la certitude de ne pas le rencontrer comme son « concurrent, même pour une seule gravure *au trait*. D'ailleurs « M. Landon iroit-il consacrer désormais, dans ses *Annales*, « l'éloge d'un homme qui cherche à le déshonorer dans le « public par l'imputation d'un délit honteux? Iroit-il, par « des insertions auxquelles il lui étoit si facile d'en préférer « d'autres, favoriser plus longtemps le débit d'ouvrages dont « l'éditeur, par un trait insigne de reconnoissance, sollicite

« sa ruine en demandant l'indemnité d'un préjudice qu'il n'a « pas éprouvé? »

Je fais observer que cet Ecrit a paru avant que M. Marchangy eût donné ses conclusions; que j'eus l'honneur de lui en remettre la copie quelques jours avant son plaidoyer, et, de plus, un exemplaire imprimé, le jour même où il a fait entendre ses conclusions; et ce, avant l'audience.

Ce n'est donc pas, comme voudroit le faire croire M. P. Didot, le plaidoyer de M. Marchangy qui a opéré *la demi-conversion* dont il rend grâces à ce Magistrat.

6.° M. P. Didot a fait dire à l'audience que je vendois séparément du texte les traits gravés d'après ses estampes, que je les offrois aux libraires à très-bas prix, et que j'en avois traité, notamment, avec M. Renouard. Présent à cette inculpation, M. Renouard l'a démentie formellement; et il a protesté que non-seulement je ne lui avois ni offert ni fourni les planches du dix-septième volume, mais que lui-même m'en avoit demandé par écrit trois exemplaires, non pour les vendre, mais pour son usage particulier, et qu'il ne les avoit point obtenus.

M. P. Didot ose avancer que la saisie des planches est la véritable raison qui a empêché l'effet de la promesse qu'il suppose que j'avois faite. Ce qui prouve sans réplique la témérité de cette supposition, c'est que la lettre de M. Renouard, qui a été produite au tribunal, est datée du 4 décembre 1811, et que la saisie n'a eu lieu que le 13 du même mois. Certes, un intervalle de neuf jours eût bien suffi pour livrer à M. Renouard les planches en question, dont il est évident que j'aurois eu des collections toutes prêtes si j'eusse été dans l'usage de les vendre ainsi.

Eh quoi! depuis trois, quatre et cinq ans que les tomes 14, 15, 16 et 17 sont publiés, M. P. Didot, malgré toutes ses informations, malgré toutes ses recherches, n'a pu trouver en France qu'une seule personne qui m'ait demandé les gravures; encore n'a-t-elle pu les obtenir!...

7.° Il existe dans le Mémoire de M. P. Didot, une imputation beaucoup plus grave et qui pourroit induire en erreur et les Juges et le Public, si je ne m'empressois de la repousser avec l'indignation qu'elle m'inspire, et avec la fermeté que me donne la défense de mon honneur.

M. P. Didot a osé dire dans les dernières lignes de son *Factum : M. Landon vend encore tous les jours, dans son magasin, les quatre volumes dont il s'agit au procès.*

Cette assertion est une fausseté. Le terme est sévère, je le sens, mais on ne peut appeler les choses que par leur nom; et je porte le défi formel à M. P. Didot d'indiquer un seul individu auquel aient été vendus chez moi, depuis la naissance du procès, les quatres volumes dont il parle, qui sont les 14, 15, 16 et 17.e de ma première collection (1); et qui, on le conçoit bien, ne peuvent être désirés que par les possesseurs des treize premiers. J'éprouve d'autant moins d'hésitation à qualifier de fausseté le fait hasardé par M. P. Didot, que le reproche n'en sauroit atteindre l'estimable avocat auquel il avoit confié sa défense. En effet, mon adversaire a eu soin de prévenir le Public que *la Réponse* qu'il vient de me faire n'est point l'ouvrage de son avocat. On s'en seroit bien aperçu sans l'avis qu'il en donne à ses lecteurs; et tout autorise à penser que ce jurisconsulte auroit puisé la défense écrite de son client dans son propre fonds, et se seroit abstenu

(1) Ces quatre volumes ne tarderont pas à être fournis, avec un nombre suffisant de nouvelles planches substituées à celles que je veux supprimer.

de composer un *Factum* avec des fragmens du plaidoyer de M. le Substitut de M. le Procureur Impérial. Au surplus, et puisque l'occasion s'en présente naturellement ici, j'ajouterai en finissant, que l'entêtement de M. P. Didot dans sa spéculation tendante à obtenir quelques écus, par le moyen d'une plainte en contrefaçon, pourroit bien être l'effet d'une sorte de répugnance à se désister d'une plainte inconsidérée, plutôt que celui d'une volonté persévérante de me nuire.

J'attends avec confiance et sécurité la décision des Magistrats.

Signé LANDON.

M.e BILLECOCQ, *Avocat-Plaidant.*

M.e MAUREY jeune, *Avoué.*

IMPRIMERIE DE J. B. SAJOU, RUE DE LA HARPE, N.° 11.

www.ingramcontent.com/pod-product-compliance
Lightning Source LLC
LaVergne TN
LVHW050222180726
843501LV00013BA/2214

* 9 7 8 2 3 2 9 6 5 3 4 5 7 *